GIOVANNI GUARESCHI

è nato a Fontanelle di Roccabianca nel 1908 ed ha compiuto gli studi classici frequentando l'università senza però arrivare alla laurea, perché sottratto agli studi dalla sua attività giornalistica. Problemi religiosi e umani sono alla base delle sue storie di don Camillo e Peppone, le due forze opposte di una tipica società italiana del dopoguerra che hanno riscosso uno dei più grandi successi di tiratura. Sui due personaggi, che sono protagonisti di più libri – *Don Camillo,* 1948, *Don Camillo e il suo gregge,* 1953, è stata creata una serie di film che hanno contribuito a diffonderne la fama nel mondo. L'atteggiamento deciso e qualche volta violento dei due cela in realtà una profonda bontà e duttilità. Don Camillo e Peppone sono diventati simbolo di due differenti classi sociali in lotta fra loro e, nonostante tutto, in piena armonia e collaborazione.

Oltre a Don Camillo, Guareschi ha pubblicato altre opere umoristiche – *Il destino si chiama Clotilde, Il marito in collegio* ecc.

Guareschi è morto il 22 luglio 1968.

DON CAMILLO

GRAFISK FORLAG *Copenaghen*

GYLDENDAL NORSK FORLAG *Oslo*

EMC CORP. *St. Paul, Minnesota, U.S.A.*

ERNST KLETT VERLAG *Stoccarda*

ESSELTE STUDIUM *Stoccolma*

EDIZIONI SCOLASTICHE BRUNO MONDADORI *Milano*

BORDAS EDITEUR *Parigi*

JOHN MURRAY *Londra*

TAMMI *Helsinki*

ASAHI SHUPPANSHA *Tokio*

WOLTERS/NOORDHOFF *Groningen*

EDITORIAL MAGISTERIO ESPAÑOL, S.A. *Madrid*

GRAFICA EDITÔRA PRIMOR *Rio de Janeiro*

GIOVANNI GUARESCHI

NOVELLE DA
DON CAMILLO

E IL SUO GREGGE

EDIZIONE SEMPLIFICATA AD USO SCOLASTICO E AUTODIDATTICO

Questa edizione, il cui vocabolario è composto con le parole italiane più usate, è stata abbreviata e semplificata per soddisfare le esigenze degli studenti di un livello leggermente avanzato.

A CURA DI

Solveig Odland Portisch
Pina Zaccarin *Danimarca*

CONSULENTI

Jorunn Aardal *Norvegia*
Herbert Friedländer *Svezia*

Copertina: Ib Jørgensen
Illustrazioni: Oskar Jørgensen

© 1972 by Grafisk Forlag/Aschehoug Dansk Forlag A/S
ISBN Danimarca 87-429-7640-5

Stampato in Danimarca da
Grafisk Institut A/S, Copenaghen

La *bicicletta*

Non si riesce a capire come, in quella parte di terra che sta fra il grande fiume e la grande strada, ci sia stato un tempo in cui non si conosceva la bicicletta. Infatti, *alla Bassa*, dai vecchi di ottanta ai ragazzi di cinque, tutti vanno in bicicletta: i vecchi contadini per lo più in bicicletta da donna.

C'è davvero da mettersi a ridere vedendo le biciclette dei cittadini, quei lucidi oggetti che sembrano *giocattoli* per far divertire le gambe. La vera bicicletta è un oggetto da usare. Deve pesare almeno trenta chili. Allora la bicicletta fa veramente parte della campagna e non dà neppur lontanamente l'idea che essa possa servire da giocattolo.

Nella Bassa la bicicletta è una cosa necessaria come le scarpe, anzi di più perché mentre uno anche se non ha le scarpe ma ha la bicicletta può andare sicuro in bicicletta, uno che ha le scarpe ma non ha la bicicletta deve andare a piedi. Qualcuno forse osserva che questo può succedere anche in città: ma in città è un'altra cosa perché lì c'è il *tram*.

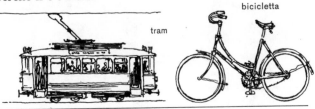

bicicletta

tram

la Bassa, parte della valle del Po.
giocattolo, oggetto con cui si gioca.

7

Don Camillo non aveva mai *commerciato* in vita sua: a meno che non si voglia chiamare commercio il comprare un po' di carne o due *sigari*. Il commercio però gli piaceva perché lo divertiva molto e così, in primavera, il sabato saliva in bicicletta e andava alla *Villa* a vedere il mercato.

Lo interessavano molto le bestie, le macchine, e quando aveva soldi per comprare qualche fiore per il suo piccolo giardino che aveva dietro casa, era tutto contento e si sentiva ricco quanto Bidazzi che era padrone di moltissima terra. E poi al mercato c'era quell'aria di festa che rende allegri.

Anche quel sabato don Camillo vide la bella giornata e, tirata fuori la sua vecchia bicicletta, si fece allegramente i dodici chilometri che portavano alla Villa.

Il mercato era pieno di gente e don Camillo si divertiva più che se fosse stato alla *Fiera di Milano*.

Poi, alle undici e mezzo, andò a riprendere la bicicletta dal *deposito* e, tirandosela dietro in mezzo alla gente, prese la strada che lo avrebbe portato di nuovo a casa attraverso la campagna.

Qui però don Camillo, passando davanti a una bottega, si ricordò di dover comprare qualcosa e così, messa

sigaro

---

commerciare, vendere e comprare.

la Villa, piccolo paese di campagna.

Fiera di Milano, il più famoso mercato d'Italia che si apre a Milano ogni aprile.

deposito, luogo chiuso dove si mettono le biciclette.

la bicicletta contro il muro, entrò e quando uscì di nuovo, la bicicletta non c'era più.

Don Camillo era una persona di enorme forza e, dalla testa ai piedi, era alto come un uomo normale messo su una sedia ma il suo coraggio era alto molto di più e anche se gli mettevano contro un *fucile* non perdeva la calma. Ma quando *inciampava* in un sasso o gli facevano uno *scherzo*, gli cadevano le braccia e gli venivano le lacrime agli occhi.

In quei momenti sentiva una specie di *compassione* per se stesso.

Egli non fece rumore, domandò solo a un vecchio che stava lì davanti se avesse visto uno con una bicicletta da donna di color verde. E poiché quello rispose che non ricordava di averlo visto, salutò e se ne andò.

Passò davanti ai *carabinieri* ma non pensò neppure di entrare: il fatto che a un povero prete con venticinque lire in tasca avessero rubata la bicicletta era una questione morale, quindi roba che non aveva nulla a che fare con

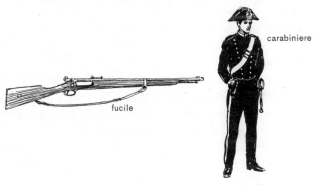

carabiniere

fucile

---

inciampare, essere sul punto di cadere.
scherzo, ciò che si fa o si dice per ridere di q. o di qc.
compassione, sentimento che si prova per qualcuno che soffre.

i normali affari della vita. Sono i ricchi quelli che vanno dai carabinieri in questi casi perché per loro è un semplice affare di denaro, mentre per il povero si tratta di una offesa: come se, a uno che ha una gamba sola, si desse un colpo e lo si facesse cadere.

Don Camillo si tirò il cappello sugli occhi e si mise in cammino verso casa. Quando sentiva dietro di sé arrivare un carro, usciva dalla strada e si nascondeva per paura che gli offrissero di salire. Voleva camminare a piedi, non voleva parlare con nessuno. E soprattutto voleva fare a piedi i dodici chilometri quasi per rendere più grave la colpa e sentirsi più offeso ancora. Camminò per un'ora senza fermarsi, solo come un cane nella strada piena di sole e aveva il cuore pieno di compassione per quel povero don Camillo al quale egli pensava come se si trattasse di un altro.

Camminò per un'ora senza fermarsi e la strada era vuota. Arrivato a una *stradetta* si fermò per sedersi sul piccolo ponte e, contro il piccolo ponte stava la sua bicicletta.

Era proprio la sua, la conosceva pezzo per pezzo, non c'era da sbagliare.

Si guardò intorno e non vide nessuno.

Toccò la bicicletta: era proprio di ferro, non era un sogno.

Si guardò ancora intorno: non un'anima viva. La casa più vicina era ad almeno un chilometro.

Guardò giù dal ponte e c'era un uomo seduto nel *fosso* secco. L'uomo guardò in su e mosse la testa come per dire: «E allora»?

– Questa bicicletta è mia, – fece timido don Camillo.

---

stradetta, piccola strada.

fosso

– Quale bicicletta?

– Questa, sul ponte.

– Bene, – osservò l'uomo. – Se sul ponte c'è una bicicletta e se la bicicletta è vostra, cosa c'entro io?

Don Camillo restò meravigliato.

– Domandavo, – spiegò, – non volevo sbagliare.

– Siete sicuro che è vostra?

– Certo. Me l'hanno portata via un'ora fa alla Villa mentre entravo in una bottega. Non capisco come si trovi qui.

L'uomo rise.

– Si vede che era stanca di aspettarvi e allora è andata avanti.

11

Don Camillo aprì le braccia meravigliato.

– Voi, come prete, sapete tenere un segreto? – domandò l'uomo.

– Certamente.

– Bene, allora vi dirò che la bicicletta è lì perché ce l'ho portata io.

Don Camillo *spalancò* gli occhi.

– L'avete trovata da qualche parte?

– Sì, l'ho trovata davanti alla bottega nella quale siete entrato. E allora l'ho presa su.

Don Camillo rimase un poco in dubbio.

– È stato uno scherzo?

– Eh, via! – disse offeso l'uomo. – Vi pare che alla mia età io vado in giro a fare scherzi! L'ho presa sul serio. Poi ci ho pensato meglio e vi sono corso dietro. Vi ho seguito fino a due chilometri di qui: poi ho tagliato per l'altra strada e, arrivato qui, ve l'ho messa sotto il naso.

Don Camillo si sedette sul ponte e guardò l'uomo seduto nel fosso.

– Perché avete presa quella bicicletta se non era la vostra?

– Ognuno fa il suo *mestiere:* voi lavorate con le anime io lavoro con le biciclette.

– Hai sempre fatto questo mestiere?

– No: sono due o tre mesi soltanto. Faccio le fiere e i mercati e lavoro sicuro perché tutti questi contadini hanno le case piene di soldi. Questa mattina non ero riuscito a *fare* nulla e allora ho preso la vostra bicicletta. Poi da lontano vi ho visto uscire e, senza dir niente, prendere la strada. Allora vi ho seguito. Non riesco neppure

---

spalancare, aprire il più possibile.

mestiere, lavoro.

fare, qui sta per rubare.

a capire come sia stato: il fatto è che vi ho dovuto seguire. Perché tutte le volte che stava per arrivare un carro vi nascondevate? Lo sapevate che io ero dietro?

– No.

– E invece io c'ero! Se foste salito su un carro io sarei tornato indietro. Invece, visto che continuavate a camminare a piedi, ho dovuto fare quello che ho fatto.

Don Camillo scosse il capo.

– E adesso dove vai?

– Torno alla Villa a vedere se mi riesce di trovare qualcosa.

– Un'altra bicicletta?

– Certo.

– E allora prendi questa.

L'uomo guardò su.

– *Reverendo*, neppure se fosse d'oro! Sento che *l'avrei in coscienza* per tutta la vita. Meglio star lontani dai preti.

Don Camillo gli domandò se avesse mangiato e l'altro rispose di no.

– Allora vieni a mangiare a casa mia.

Si avvicinava un carro ed era quello del Brelli.

– Avanti, prendi la bicicletta e seguimi. Io salgo sul carro.

Fece fermare e salì dicendo che gli faceva male una gamba. L'uomo lasciò il fosso e tornò sulla strada. Era arrabbiatissimo: gettò il cappello per terra, disse un *mucchio* di cattive parole contro i santi, poi salì in bicicletta.

Don Camillo già da dieci minuti aveva preparato la tavola quando arrivò l'uomo della bicicletta.

---

reverendo, nome che si dà a un prete.
avere in coscienza, sentirsi in colpa.
mucchio, gran numero di qualcosa.

– C'è solo pane, salame, un pezzo di formaggio e un po' di vino, – disse don Camillo.

– Non vi date pensiero, reverendo, ci ho pensato io, – rispose l'uomo. E mise sulla tavola un *pollo*.

– Stava attraversando la strada, – spiegò l'uomo. – Senza volere gli sono passato sul collo con la bicicletta. Mi dispiaceva lasciarlo lì a soffrire in mezzo alla strada e così l'ho liberato dai suoi dolori. Reverendo, non mi guardate con quegli occhi: se voi lo fate andare alla *graticola* come si deve, sono sicuro che Dio vi perdonerà.

Don Camillo fece andare il pollo alla graticola e andò a prendere una bottiglia di quelle speciali.

Dopo qualche ora l'uomo si preparò a tornare per i fatti suoi ed era molto preoccupato.

– Adesso è un problema tornare a rubare biciclette. Mi avete rovinato l'umore.

– Hai famiglia?

– No, sono solo.

– Va bene. Puoi restare a suonare le *campane*. Il vecchio *campanaro* è andato via due giorni fa.

pollo

graticola

campana

campanaro, colui che suona le campane.

14

– Ma io non so suonare le campane.

– Un uomo che sa rubare una bicicletta impara subito.

L'uomo scosse il capo.

– Al diavolo voi e il momento in cui vi ho incontrato, – disse.

E rimase a fare il campanaro.

Domande

1. Sono importanti le biciclette alla Bassa?

2. Come va al mercato don Camillo?

3. Perché gli piacciono i mercati?

4. Che cosa gli succede al mercato?

5. Dove ritrova la bicicletta?

6. Chi gli ha rubato la bicicletta?

7. Che cosa fa don Camillo dopo aver trovato la bicicletta?

8. Che cosa mangiano i due insieme?

9. Perché l'uomo rimane con don Camillo?

Gli *spiriti*

La Cagnola era una *casa in rovina*,
una *casaccia* abbandonata da trenta
o quaranta anni.

spirito

La Cagnola era lontana dal paese. Poiché vicino c'era
il *traghetto*, molta gente passava di lì ma nessuno entrava
mai nella casa. Adesso molti avevano osservato che alla

---

casaccia, vecchia casa cadente.
traghetto, barca che porta la gente da un punto ad un altro.

casa in rovina

Cagnola stava succedendo qualcosa di strano e avevano deciso che potevano essere soltanto gli spiriti.

– Voi siete il *sindaco,* – disse la gente a Peppone, – e dovete andare a vedere cosa succede. Se avete paura è un'altra cosa. Però quando uno ha paura, invece di fare il sindaco è meglio che faccia un altro mestiere.

Peppone allora si alzò, andò a casa a prendere il fucile, e quando arrivarono davanti al bosco dove era la casa *maledetta,* il gruppo si fermò. Peppone capì che, se non avesse continuato a camminare, il *Partito* avrebbe ricevuto un colpo terribile e quindi entrò nel bosco.

Quando si trovò davanti alla porta diventò freddo di

---

sindaco, persona che è a capo di un paese.
maledetto, terribile, che dà paura.
partito, gruppo politico, in questo caso di sinistra.

paura. Comunque non c'era altro da fare che entrare. Vide soltanto due grandi occhi che lo guardavano e alzò il fucile verso quegli occhi: ma un grido di terrore lo fermò in tempo. Allora si vide davanti una povera ragazza piena di paura.

– Prego, signore, non mi fate del male.

La ragazza aveva una voce dolce, ma parlava con difficoltà, quasi non trovasse le parole.

– Chi siete? – domandò a bassa voce Peppone.

Vennero dal di fuori le voci della gente che aspettava al di là del piccolo bosco; e la ragazza corse alla finestra per osservare cosa succedesse, poi si girò verso Peppone e lo pregò a mani giunte:

– Prego, signore, non dite niente, in nome di Dio.

Peppone sentì che dietro di lui stava succedendo qualcosa: si girò e incontrò altri due occhi, grandi come quelli della ragazza, ma più in basso perché per terra c'era un bambino che aveva per *culla* una *cesta di vimini*.

– Si può sapere cos'è questa storia? – gridò arrabbiato Peppone.

– Prego, signore, non dite niente, in nome di Dio, – ripeté la ragazza piangendo.

Quattro occhi così erano troppi per Peppone; si mise il fucile in spalla ed uscì chiudendo con forza l'uscio.

Quando lo vide apparire, la gente tacque.

– Ho guardato da ogni parte, – spiegò scuro in viso Peppone. – Non ho visto niente di strano, però ci deve

cesta di vimini

---

culla, letto per un bambino piccolo.

essere qualcosa che non va. Certo si sentono dei rumori
che mi piacciono poco.

Don Camillo guardò preoccupato Giorgino, il figlio più
giovane dei Morini.

– Mettiti calmo e parla.

Il giovane si sedette davanti a don Camillo.

– Quando ero *prigioniero* in Germania, – disse il giovane,
– mi portavano fuori tutte le mattine a lavorare insieme
agli altri. Dovevamo togliere le *macerie* dalle strade,
ma era un problema perché anche di giorno arrivavano
gli *aerei*, mille, millecinquecento alla volta, e trovare un
posto dove nascondersi era un problema. Una mattina
di aprile del 1945, mentre *scavavo*, mi cadde un pezzo di

---

prigioniero, uno che viene preso in guerra.
macerie, quello che resta di una casa caduta.

aereo

scavare

muro su una gamba, e non riuscii più a camminare. In quel momento arrivarono gli aerei e io rimasi lì, solo come un cane. Con fatica mi portai dentro una casa e, seduta su un mucchio di macerie, c'era una ragazza. Io parlo un poco tedesco.

– Cosa fai? – le domandai.

– Sto qui, – rispose la ragazza.

– Vedo che stai qui, – dissi io. – Ma perché non vai nel *rifugio?*

– Tutto *kaputt,* – rispose quella stupida, sorridendo.

– Kaputt anche la tua testa? – le domandai.

– No, – disse la ragazza. – Kaputt mio padre, kaputt mia madre, kaputt mio fratellino, kaputt la mia casa. Sono tutti qui sotto, – spiegò mostrando un mucchio di macerie sul quale stava seduta . . .

Il giovanotto tacque.

– Reverendo, – la guerra è una sporca cosa, ma quando piovono le *bombe,* e ci si trova seduti sulla propria famiglia a dire queste cose, cosa volete che faccia un cristiano? Feci la pace con la Germania.

– Tutto kaputt, – disse ancora la ragazza.

– No, – risposi io, – tutto no, Dio non è kaputt.

– Bravo, – disse don Camillo.

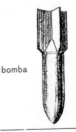

bomba

---

rifugio, luogo chiuso al sicuro.
kaputt, parola tedesca che vuol dire rotto, finito.

campo

E allora lei mi guardò; poi scese dal mucchio e mi legò il fazzoletto intorno alla gamba. Poi ritornò sul mucchio e continuò a guardarmi. Per tornare dovetti fare cinque chilometri di strada a piedi e Dio sa i dolori che avevo dentro la gamba. La mattina dopo stavo meglio. Uscii con gli altri e a un certo punto della strada c'era la ragazza che aspettava. Ci seguì fino al lavoro e stette lì seduta su un mucchio di macerie fino a quando fu ora di tornare. Allora ci seguì fino al *campo*. «Quella vuole il suo fazzoletto», pensai. Allora, la sera, lo lavai, lo misi in un pezzo di carta con un sasso dentro e la mattina dopo lo gettai alla ragazza. Il giorno dopo me la rivedo ancora che aspetta fuori dal campo; poi mi accompagna al lavoro; poi si siede e si mette a guardare e poi mi segue al ritorno. Dico io: «Ma cosa vuole quella? Vuole

forse che io paghi per aver usato il suo fazzoletto?»
Parlarle non potevo, perché non era permesso. Quando
venne un altro *allarme*, lasciai credere di non poter camminare e rimasi. Così la avvicinai.

– Si può sapere cosa vuoi da me? – le domandai mentre piovevano le bombe.

– Non lo so, – rispose. – Ti dispiace se ti guardo?

– Ma perché vuoi proprio guardare me! – dissi io.

– E chi posso guardare? – domandò lei.

In quel momento lì vicino cadde una bomba e, ci
trovammo ... ci trovammo ... sarebbe a dire ... ab-
bracciati.

– Ho sentito dire che le bombe fanno degli strani
scherzi, – disse gravemente don Camillo. – Caddero poi
altre bombe lì vicino?

– No, – rispose il giovanotto. – Quelle furono le ultime.
Poi vennero *gli alleati* a liberarci e ci portarono in un
altro campo. Lì aspettammo qualche tempo e poi io fui
uno dei fortunati e uno dei primi a prendere il treno per
ritornare in patria.

– E la ragazza? – domandò don Camillo.

– La ragazza era alla stazione a vedermi partire. Dio
solo sa come abbia fatto a trovarmi; il fatto è che la
ragazza era lì alla stazione.

– Un fatto strano davvero. E allora?

– E allora voi dovete pensare che c'era ancora una
grande confusione e di casi così ne sono successi a cen-
tinaia. Feci una *colletta* fra i miei compagni e raccolsi un

---

allarme, suono che indica pericolo.

gli alleati, gli inglesi, i russi e gli americani che erano contro la
Germania in questa guerra.

colletta, il raccogliere denaro o oggetti fra più persone.

paio di scarpe, un paio di pantaloni, una giacca e un cappello. E la ragazza salì sul treno vestita come un soldato. Arrivai di notte e la nascosi. Non potevo tornare a casa con una donna. Voi sapete come sono i miei: in queste cose sono molto severi. Tornai a casa solo e trovai quello che non avevo mai pensato di trovare.

Don Camillo si prese la testa fra le mani.

– Che *pasticcio*, ragazzo mio.

I Morini erano ricchi, erano padroni di tanta terra e di numerosi animali. I Morini avevano quattro figli e due figlie. La guerra aveva portato via tre dei quattro figli e ne era rimasto solo uno: Giorgino. Gli altri tre erano stati uccisi dai tedeschi nel cortile della casa, davanti agli occhi del padre, della madre e delle due sorelle. E adesso Giorgino tornava con una ragazza tedesca.

– Reverendo, – disse Giorgino, – se l'avessi portata a casa l'avrebbero fatta a pezzi. E lei non ha nessuna colpa.

– Dov'è? – domandò don Camillo.

– L'ho tenuta nascosta un po' in città; ma, adesso che c'è il bambino . . .

– Anche il bambino! – gridò don Camillo.

– Adesso che le cose stanno così, da circa un anno è nascosta alla Cagnola . . . La vado a trovare di notte, quando posso . . . È un anno che fa questa vita.

Don Camillo si alzò e cominciò a camminare in su e in giù.

– Ma il pasticcio grosso succede adesso, – continuò il giovanotto. – Voi sapete la storia degli spiriti. Peppone è stato alla Cagnola e ha visto tutto. Lei non ha detto chi è ma, se Peppone parla, in un momento viene fuori

pasticcio, situazione difficile e pericolosa.

la verità. Non è per me, reverendo, ma se i vecchi vengono a sapere la storia, muoiono di dolore. Reverendo, cosa debbo fare?

– Tu vai alla Cagnola; io, intanto, vado da Peppone, – rispose don Camillo.

Don Camillo cominciò subito a parlare del problema.

– Qualcun altro sa quello che hai visto alla Cagnola, oggi? – domandò.

– Voi, – disse Peppone. – Cos'è che voi non sapete?

– Bene, – disse don Camillo. – Dovremmo saperlo soltanto noi due.

Peppone guardò don Camillo e poi cominciò a ridere.

– Voi andate a dare ordini in chiesa. E, tanto per dimostrare la paura che mi fate, vi assicuro che domani lo sapranno tutti.

– Sei un *vigliacco!*

Peppone cambiò all'improvviso espressione.

– Be', – disse, – se quella ragazza e il ragazzino interessano voi di persona, allora si può parlarne . . . Siamo uomini, reverendo, e la carne è debole . . .

– Ti faccio vedere io se la carne è debole, – disse don Camillo.

– Faremo i conti, – gridò Peppone.

– Peppone, – disse don Camillo, – questo non è il luogo per fare i conti. Sono in casa tua e non debbo alzare la mano su di te. Adesso ascolta, – continuò. – Dopo farai quello che vorrai, ma adesso andiamo alla Cagnola.

Nella stanza scura Peppone vide dapprima soltano sei occhi: i due della ragazza, i due del bambino e i due di Giorgino.

---

vigliacco, persona di cui non ci si puo fidare.

Si sedettero senza parlare, lui e don Camillo; poi don Camillo disse al giovanotto:

– Ripeti parola per parola quello che hai raccontato a me.

Il giovanotto cominciò a raccontare e Peppone ascoltava in silenzio, a testa bassa.

Alla fine si alzò all'improvviso.

– Ma tu, stupido, – gridò, – con tutte le donne che ci sono al mondo, proprio una di quei maledetti che ti hanno ucciso i fratelli dovevi andare a trovare?

– Peppone, non è lui che l'ha cercata. Sono state le bombe . . .

– Voi state zitto, altrimenti finisce male! – gridò Peppone. – Qui ci sono dei morti, dei morti che gridano vendetta!

– C'erano dei morti anche sotto il mucchio di macerie sul quale, a Brema, stava seduta la ragazza, – disse don Camillo a voce bassa.

– E allora? Li hanno forse uccisi i fratelli di questo stupido? – rispose Peppone. – Tu, facendo quello che hai fatto, hai offeso la memoria dei tuoi fratelli.

La ragazza seguiva una ad una le parole di Peppone. Si vedeva che capiva tutto. Quando la voce di Peppone tacque, si sentì quella dolce e calma della ragazza.

– Prego, signore. Lei ha ragione. Io prima non sapevo. Dopo era troppo tardi. Neppure lui sapeva. Bisogna, per favore, avere un po' di pazienza.

La ragazza sorrideva. Peppone guardò con aria di domanda don Camillo.

– Bisogna avere un po' di pazienza . . . È la guerra, signore.

La ragazza era seduta col bambino in braccio, vicino a Giorgino. Cercò la sua mano e gliela strinse.

Quanto durò questo silenzio?

Fu il pianto del bambino a romperlo. Perché fu il bambino a capire per primo, senza saperlo, che sua madre non era più lì, ma era tornata a sedersi sul mucchio di macerie tra i muri di Brema. Rimaneva lì soltanto una piccola cosa fredda.

Appena era stata scoperta da Peppone, nel pomeriggio, aveva deciso di *mandare giù* il *contenuto* di una *bottiglietta* nascosta dove lei solo sapeva. E la morte l'aveva presa lentamente e dolcemente.

Giorgino non aveva neppure la forza di gridare. Peppone lo prese e lo portò a casa.

– *Tenetelo d'occhio*, non lasciatelo solo, – disse semplicemente, – se non volete perdere anche quello.

Poi tornò subito alla Cagnola; e trovò il bambino che dormiva e don Camillo davanti alla ragazza morta.

Allora gli andò vicino e cominciò a piangere.

– Fai piano, perché svegli il bambino, – gli disse don Camillo.

Cadde il silenzio nella cucina e passò del tempo; e il silenzio diventava sempre più grave e freddo come se, piano piano, l'aria *gelasse*.

E ad un tratto si sentì un *gemito* lungo e doloroso che attraversò le stanze vuote e deserte della casa maledetta.

Peppone diventò bianco in viso e guardò spaventato don Camillo; ma don Camillo disse a voce alta:

– Pace a voi anime di tutti i morti uccisi dalla guerra.

---

mandare giù, qui vuol dire «bere».
contenuto, ciò che è dentro qualcosa.
bottiglietta, piccola bottiglia.
tenere d'occhio, non perdere di vista.
gelare, si dice dell'acqua che gela quando fa molto freddo.
gemito, suono di dolore.

26

– Amen, – mormorò Peppone.

E il gemito tacque.

Fu trovata una straniera morta alla Cagnola, e fu deciso che era morta di freddo.

Le trovarono un bambino vicino e don Camillo tanto fece che, con l'aiuto di Dio, riuscì a farlo accettare nella casa dei Morini.

Il sindaco, alle volte, mentre a letto guardava il buio ad occhi spalancati, sentiva una voce, la voce della ragazza che diceva: «Tutto kaputt».

Giorgino era come diventato pazzo: gli pareva che anche a lui qualcuno avesse raccontato una storia così. Una maledetta storia di guerra.

Domande

1. Che cosa è la Cagnola?

2. Dove si trova la Cagnola?

3. Perché Peppone deve andarci?

4. Chi trova Peppone alla Cagnola?

5. Chi è Giorgino Morini?

6. Quale storia racconta Giorgino a don Camillo?

7. Che cosa faceva Giorgino a Brema?

8. Che cosa è successo alla ragazza tedesca a Brema?

9. Come incontra Giorgino?

10. Cosa fa la ragazza per arrivare in Italia?

11. Perché Giorgino non può portare la ragazza alla sua famiglia?

12. Vive sola alla Cagnola la ragazza?

13. Che cosa fa la ragazza credendo di aiutare Giorgino?

14. Che cosa riesce a fare don Camillo per il bambino?

Abbondanza e Carestia

Carestia era uno di città *piovuto lì* in un modo tutto particolare: però, tanto per cominciare, non si chiamava Carestia ma aveva anche lui il suo bravo nome e cognome come tutti i cristiani ed era anche un bel ragazzo, a quei tempi, e *veloce*. Lo chiamavano così in paese, non tanto perché fosse magro lui, ma perché la Marina era *un pezzo di ragazza* e allora veniva bene chiamarli Abbondanza e Carestia.

Carestia era arrivato in paese secondo: si parla di quando era stato fatto il giro in bicicletta della Bassa: una cosa importante con *corridori* molto bravi venuti anche da fuori. Carestia allora aveva circa vent'anni, correva bene in bicicletta e prendeva parte al giro della Bassa perché c'erano dei buoni premi. Arrivò in paese al secondo posto, venti metri dietro il primo, ed era ancora fresco come una rosa.

– Quello lì, fra due chilometri passa avanti e non lo prende più nessuno! – disse la gente. E infatti, tagliato il

---

Abbondanza, il possedere più del necessario.
Carestia, il mancare delle cose necessarie.
piovuto lì, arrivato lì per caso.
veloce, rapido.
un pezzo di ragazza, una ragazza grande e grossa.
corridore, colui che corre con la bicicletta.

traguardo

traguardo, invece di fermarsi, corse più presto e passò in mezzo al paese fra grida e battere di mani.

A duecento metri dal paese *bucò.*

Mentre, gettata la bicicletta su un mucchio di sassi, stava cambiando la *ruota,* si avvicinò una ragazza che era venuta fuori da una piccola casa lì vicino e gli domandò se aveva bisogno di qualcosa.

Carestia vide per la prima volta quella che la gente più tardi doveva chiamare Abbondanza ma che si chiamava Marina.

---

bucare, fare un buco nella ruota.

Carestia dimenticò la ruota, il giro della Bassa, tutto il resto del mondo e cominciò a parlare con la ragazza. Poi, verso sera, salutò la ragazza, andò in paese, vendette la bicicletta, si comprò un paio di calzoni, una camicia e un paio di scarpe e restò lì.

Passava la giornata girando su e giù lungo il fiume e, verso sera, andava dalla Marina.

Una sera la Marina lo trovò un po' *giù di forma* e allora scoperse che i soldi della bicicletta erano finiti e da molto tempo Carestia non mangiava.

Gli diede da mangiare, poi quando lo vide in forma, gli parlò dolcemente.

– Voi siete un giovanotto veloce e la testa non vi manca: questo è un paese piccolo ma lavoro ce n'è sempre, per

ruota

---

giù di forma, senza forza, debole.

la gente in gamba. Perché non provate a cercare di fare qualcosa?

– Proverò, – rispose Carestia.

Infatti provò, ma dopo due o tre giorni di lavoro, diventava malinconico e doveva lasciare il posto di lavoro.

– È questione di carattere, – spiegava alla Marina. – Il mio è un carattere *passionale,* quindi non sono fatto per una vita di *abitudine.* Io sono fatto per l'*avventura.*

Carestia parlava bene perché era di città e aveva visto tante cose: commedie, cinema, sport. E poi aveva letto dei libri pieni di roba meravigliosa.

La Marina lo stava ad ascoltare e ogni tanto sospirava.

– Come deve essere bella, la vita! – diceva.

La Marina lavorava da *sarta;* lavorava bene, e tutto il

macchina da cucire

---

passionale, molto forte e caldo.

abitudine, quello che si fa comunemente ogni giorno.

avventura, tutto ciò che è fuori dai fatti di ogni giorno e arriva non aspettato.

sarta, donna che fa i vestiti.

giorno era seduta alla *macchina da cucire:* viveva con una specie di nonna molto vecchia che le preparava da mangiare. Finiva di lavorare la sera, quando arrivava Carestia.

Andò a finire che, poiché aveva troppo da fare, doveva continuare a lavorare anche di notte, e così, invece di trovarsi sul ponte, cominciarono a trovarsi un po' dentro e un po' fuori, cioè la Marina lavorava in casa e Carestia stava in cortile, vicino alla finestra.

Si capisce che quando arrivò l'autunno e cominciò a piovere, Carestia venne fatto entrare in casa e andò a finire che non ne uscì più perché sposò Marina e così, morta la vecchia nonna, e rimasti soli, i due diventarono la *favola* del paese.

Infatti Carestia *non* fu mai visto *muovere un dito* e Marina, invece, lavorava sempre, dalla mattina presto alla sera tardi, e non si lamentava mai.

Quando aveva un po' di soldi in più, li dava a Carestia: lo mandava al cinema in città. Carestia andava al cinema di pomeriggio e, quando tornava – e faceva presto perché era sempre un *gran diavolo* in bicicletta – la Marina era lì ad aspettarlo.

Allora Carestia le raccontava tutto il film e Marina si divertiva più che se stesse vedendo il film coi suoi occhi.

Una volta lo mandò anche a teatro ma non gli piacque.
– Mi diverto di più al cinema, – disse.

Arrivò la guerra e Carestia dovette partire, e la Marina rimase ad aspettarlo lavorando alla macchina da cucire.

---

essere la favola, essere una persona di cui tutti parlano.
non muovere un dito, non fare nulla.
gran diavolo, una persona molto veloce nel fare le cose.

Ma ogni tanto si *consolava*: «Chi sa mai quante cose avrà da raccontarmi!».

E infatti Carestia, al suo ritorno, aveva un mucchio di cose da raccontare e le raccontò tutte, e Marina faceva due occhi grandi così ascoltandolo.

Carestia non mosse un dito neppure dopo la guerra: aveva bisogno di dimenticare di aver visto tanta gente soffrire e *si diede da fare* per dimenticare.

Una sera arrivò a Marina un ragazzetto con una notizia *urgente*, e Marina, alzatasi dalla sua macchina da cucire, seguì il ragazzetto.

Trovò Carestia su una *panca* dell'*osteria* del Molinetto, come morto. Era pieno di vino.

Anche magro come era, il suo peso lo aveva: così Marina corse a casa a prendere il *carrettino* e, messovi Carestia, se lo portò via.

Passati due o tre giorni, Carestia tornò all'osteria del Molinetto. Verso sera arrivò da Marina il ragazzino dell'*oste* e, questa volta Marina lo seguì portandosi dietro il carrettino.

carrettino

---

consolare, dire parole che danno coraggio a chi è triste.
darsi da fare, fare tutto quanto è possibile.
urgente, che non può aspettare.
oste, padrone dell'osteria.

panca

Trovò Carestia nella stessa situazione della prima volta
e, come la prima volta, lo portò a casa e lo mise a letto.

Passarono tre anni e, si può dire, tutti provarono ad
aiutare Carestia perché la Marina faceva pena così bella
ancora e così infelice, che si alzava dalla macchina
soltanto per prendere il carrettino e andare a prendere
Carestia che stava, pieno di vino, sotto qualche tavola di
osteria.

Ma Carestia era duro:

– Fatemi uccidere, ma non fatemi lavorare, – rispondeva.

Ogni tanto, dopo lunghi periodi di calma durante la quale tutto andava avanti tranquillo, il paese diventava una specie di inferno.

Sempre per la questione della politica, che mette il figlio contro il padre e il fratello contro il fratello. Carestia viveva fuori dal mondo anche quando non era *ubriaco*: quindi non si era mai occupato di politica e se ne era sempre tenuto lontano: anche perché l'occuparsi di politica è un lavoro che spesso diventa un lavoro sporco e pericoloso. Una mattina Carestia, che aveva già dimenticato perfettamente la *sbornia* di cinque giorni prima, andò alla porta ma la Marina lo fermò.

– Non devi uscire: ci sono dei pasticci qua e là. – I pasticci ci sono per chi se li cerca, – rispose Carestia. – Io cerco soltanto qualche bicchiere di vino.

– Ci sono dei pasticci che, pure se non li cerchi, ti vengono a trovare, – disse ancora la Marina. – C'è lo *sciopero* e il paese è pieno di gente che dà *legnate* senza guardare in faccia nessuno.

La situazione era molto brutta: i rossi avevano detto che lo sciopero doveva essere generale: i gruppi di *controllo* erano venuti dai paesi vicini per non essere riconosciuti e tutti avevano una paura nera. I campi erano

---

ubriaco, che ha bevuto troppo.

sbornia, lo stato in cui ci si trova quando si beve troppo.

sciopero, il non voler lavorare per un certo tempo per ragioni politiche.

legnata, colpo dato con un pezzo di legno.

controllo, guardia.

vuoti perché anche i padroni avevano paura di essere *picchiati*.

– Stai in casa, – disse la Marina a Carestia. – Se ti prendono per uno di quelli che vogliono lavorare, ti uccidono.

Carestia si mise a ridere e uscì.

Venti minuti dopo il padrone della Pioppa si vide davanti Carestia.

– Cosa andate cercando voi? – gli domandò.

– Voglio lavorare, – rispose calmo Carestia. – Quando tutti gli altri lavorano è inutile che mi metta a lavorare anch'io. Il mio lavoro è importante quando gli altri non lavorano.

Il padrone della Pioppa lo guardò con meraviglia, poi gli fece vedere la *stalla* dove le *vacche* piene di latte, aspettavano qualcuno che le *mungesse*.

vacca

stalla

---

picchiare, battere.
mungere, trarre il latte dalle vacche.

imposte

Verso sera arrivò da Marina un ragazzotto, e Marina lo seguì portandosi dietro il carrettino.

Trovò Carestia lasciato senza vita, sulla strada, vicino a un mucchio di sassi. Lo avevano preso quando era uscito dalla stalla e lo avevano picchiato. Era pieno di sangue.

Marina lo mise sul carrettino e gli lavò la faccia con l'acqua del fiume.

Prese la strada che passava in mezzo al paese. I rossi erano tutti in piazza e la gente stava a guardare dalle *imposte* delle finestre.

Marina apparve all'improvviso e venne avanti lentamente, con il carrettino sul quale stava il corpo senza vita di Carestia.

Sembrava una regina e non era mai stata così bella.

La *mandria* dei rossi si aprì e nessuno riuscì a dire una parola e guardarono passare la donna che spingeva il carrettino col corpo senza vita del libero *lavoratore* Carestia.

Ci volle un mese di letto perché Carestia potesse alzarsi di nuovo. E, quando la Marina lo vide *guarito,* lo prese per le spalle.

– Giurami che non lavorerai mai più, – esclamò, – Giuramelo!

Carestia non voleva ma poi giurò. E fu un uomo di parola.

---

mandria, parola normalmente usata per descrivere un gruppo di animali.

lavoratore, persona che lavora.

guarito, non più malato.

Domande

1. Chi sono Abbondanza e Carestia?

2. Perché si chiamano così?

3. Da dove viene Carestia?

4. Che cosa fa?

5. Dove abita Marina?

6. Che cosa fa Carestia dopo aver incontrato Marina?

7. Perché Carestia è giù di forma?

8. Che cosa gli consiglia di fare allora Marina?

9. Perché a Carestia non piace lavorare?

10. Quale mestiere fa Marina?

11. Che cosa fa Carestia dopo aver sposato Marina?

12. Perché deve partire Carestia?

13. Perché Carestia va all'osteria del Molinetto?

14. Come viene portato a casa?

15. Che cosa succede durante lo sciopero?

16. Perché Carestia vuol lavorare durante lo sciopero?

17. Che lavoro fa?

18. Chi viene a picchiarlo?

19. Che cosa fa allora Marina?

20. Quale promessa fa Carestia a Marina?

Legnate *matrimoniali*

Don Camillo, quando vedeva arrivare in chiesa il vecchio Rocchi, diceva fra sé: «Ecco qui l'autorità politica!» Perché il vecchio Rocchi era il capo di quel gruppo che non manca mai in nessun paese e che deve osservare ogni momento della vita del prete in chiesa e fuori e scrivere le *lettere di protesta* al *vescovo* quando il prete fa qualcosa fuori del normale o, addirittura, dà *scandalo*.

Il vecchio Rocchi naturalmente veniva sempre in chiesa, e poiché aveva il *banco* di famiglia in prima fila, poteva seguire don Camillo dall'a alla zeta e, così, ogni tanto, durante la Messa, si voltava verso la moglie e le diceva con un piccolo sorriso: «La fa sempre più breve». Oppure: «Non è più il don Camillo di una volta».

E, alla fine, andava da don Camillo a dirgli quello che lui pensava e a dare i suoi consigli.

vescovo

---

matrimoniale, che ha a che fare col matrimonio.

lettera di protesta, lettera alle autorità in cui vengono mostrati gli errori di una persona.

scandalo, fatto che si considera contro la morale e che dà cattivo esempio.

banco, lunga sedia di legno su cui siedono più persone.

soffiarsi il naso →

← Cristo Crocifisso

Don Camillo non era certo il prete da darsi pensiero per gente come il vecchio Rocchi; però non gli piaceva di sentirsi sempre quegli occhi addosso e, se, durante la Messa gli veniva il bisogno di *soffiarsi il naso*, levava gli occhi al *Cristo Crocifisso* e pregava dentro di sé: «Gesù, aiutatemi: fate che io riesca a soffiarmi il naso in modo tale da non dare scandalo».

Il Rocchi, infatti, era severissimo nelle questioni di forma: «Il prete di Treville, quando si soffia il naso nessuno lo nota: questo qui invece, pare una *tromba* del Giudizio Universale», aveva osservato più di una volta.

Il Rocchi era insomma così e se Dio permette che esistano persone così vuol dire che ci vogliono anche loro: aveva tre figli e una figlia, la Paolina, che era la più bella e *virtuosa* ragazza del paese. E fu proprio Pao-

tromba

---

virtuoso, che vive secondo la morale.

lina che, una sera, fece saltare don Camillo nel *confessionale*.

– Io non posso *darti l'assoluzione* se prima non fai quello che devi fare, – disse don Camillo.

– Capisco, – rispose la ragazza.

Questa è una delle solite storie di paese e per capirla bene bisognerebbe abitare un po' nelle case basse lungo il fiume, sentire sulla testa il sole di luglio. Tutto pare *immobile* e uno ha l'idea che non succeda mai niente e che non possa succedere niente dentro quelle case rosse o blu dalle finestre piccole. Invece succedono più cose che nella città perché quel sole va dentro nel sangue della gente.

Paolina tornò a casa e, quando la famiglia ebbe finito di pregare, si avvicinò al padre.

– Papà, – disse, – vi debbo parlare.

confessionale

---

dare l'assoluzione, perdonare in nome di Dio.
immobile, senza movimento.

Gli altri andarono via e la ragazza e il vecchio Rocchi rimasero soli davanti al *camino*.

camino

Di che cosa si tratterebbe? – domandò il padre.

– Si tratterebbe di pensare al mio matrimonio.

– Non ci pensare. Non sono affari tuoi. Quando sarà ora troveremo l'uomo per te.

– È ora, – spiegò la ragazza. – E ho anche trovato l'uomo per me.

Il Rocchi fece due occhi grandi così.

– Va' a letto e che non ti senta mai più parlare di queste cose! – gridò.

– Va bene, – rispose la ragazza. – Il fatto è che ne sentirete parlare da altri.

– Hai dunque dato scandalo? – gridò spaventato il padre.

– No, ma lo scandalo verrà. Sono cose che non si possono nascondere.

Il Rocchi *agguantò* la prima cosa che gli venne fra le

---

agguantare, prendere con forza.

mani: e purtroppo si trattava di un grosso pezzo di legno.

La ragazza si mise in un angolo cercando di nascondere la testa fra le mani, e rimase lì, immobile e senza parole sotto le legnate del padre.

Ma per fortuna il pezzo di legno si ruppe e allora l'uomo si calmò.

– Se sei ancora viva, alzati, – disse il padre.

La ragazza si alzò.

– Nessuno sa niente? – domandò il Rocchi.

– Lui lo sa . . . – mormorò la ragazza. E qui il vecchio cominciò di nuovo a batterla con un pezzo di legno che stava vicino al camino.

Quando anche questa volta le legnate ebbero fine, la ragazza ritornò su.

– Lo sa anche don Camillo, – mormorò la ragazza. – Non mi ha dato l'assoluzione.

L'uomo si gettò ancora sulla ragazza.

– Se mi uccidete, succederà uno scandalo peggiore, – disse la ragazza, e il vecchio si calmò.

– Chi è lui?

– È il Falchetto.

Se avesse detto: «È il diavolo in persona», la cosa avrebbe fatto meno impressione.

Il Falchetto era Gigi Bariga, uno dei più importanti del gruppo di Peppone. Era il cervello del partito, quello che preparava i discorsi, era quindi ancora più *scomunicato* di tutti gli altri del gruppo, perché capiva più di tutti gli altri. La cosa era terribile.

La ragazza aveva ormai preso troppi colpi: il padre la spinse sul letto, poi le si sedette vicino.

– Adesso basta picchiarmi, – disse la ragazza. – Se mi

---

scomunicato, mandato fuori della Chiesa.

toccate mi metto a gridare e faccio uno scandalo. Io debbo difendere la vita di mio figlio.

Verso le undici di notte il vecchio Rocchi tornò calmo perché era stanco morto.

– Non posso ucciderti, non posso chiuderti in un *convento* dato lo stato in cui ti trovi, disse. – Sposatevi e andate tutti all'inferno.

Il Falchetto, quando si vide davanti la sua Paolina così *conciata*, rimase a bocca aperta.

– Dobbiamo sposarci o sarà la mia morte, – disse la ragazza.

– Certo! – esclamò il Falchetto. – È quello che ti chiedo da tanto tempo. Anche subito, Paolina.

Era una *sciocchezza* pensare di sposarsi a mezzanotte e tre quarti: ad ogni modo una frase detta così, davanti ai campi coperti di neve, aveva un valore.

– Hai già spiegato tutto a tuo padre? – domandò il Falchetto.

La ragazza non rispose e il Falchetto capì di avere detto una sciocchezza.

– Io prendo il fucile e li *faccio fuori* tutti! – esclamò. – Io . . .

– Non si tratta di prendere il fucile: si tratta semplicemente di andare dal prete.

Il Falchetto fece un passo indietro.

– Lo sai che non posso. Conosci la mia situazione. Basta andare dal sindaco.

---

convento, casa dove vivono le suore o i frati.
conciata, cambiata in peggio, qui battuta.
sciocchezza, idea stupida.
far fuori, uccidere.

– No, rispose la ragazza. – Questo mai. Non me ne importa niente di quello che può succedere. O si fa un matrimonio da cristiani o non ci si vede mai più.

– Paolina! – pregò il Falchetto. Ma la ragazza era già uscita dalla porta.

La ragazza rimase a letto per due giorni: il terzo giorno il vecchio Rocchi salì da lei.

– L'hai visto l'altra sera! – disse. – Lo so.

– Lo so anch'io.

– E allora?

– Niente da fare: non vuole sposarsi da cristiano. O si sposa da cristiano o niente.

Il vecchio si mise a gridare arrabbiatissimo. Poi andò giù, si gettò sulle spalle il mantello e uscì.

Così poco dopo don Camillo si trovò davanti a un grave problema.

– Reverendo, lei sa cosa è successo, – disse il Rocchi.

– Io non so niente.

Il Rocchi dovette raccontare *per filo e per segno* come stavano le cose. E don Camillo alla fine aprì le braccia.

– Bisogna fare attenzione ai figli, caro signor Rocchi; bisogna saperli crescere secondo la morale. Questo è il primo dovere di un padre.

Era un colpo duro per il Rocchi, e il vecchio, se avesse potuto, avrebbe ucciso don Camillo.

– Reverendo, *ho dato* il mio *consenso* al matrimonio, ma quel poco di buono non vuole sposarsi in chiesa.

– Lo immaginavo.

– Io vengo perché Lei mi dia un consiglio: è più *scan-*

---

per filo e per segno, parola per parola.
dare consenso, permettere.
scandaloso, che dà scandalo.

daloso che una ragazza, nello stato in cui si trova mia figlia, non si sposi, o è più scandaloso che si sposi in modo non cristiano?

– Qui non è questione di scandalo: è questione di bene o di male, – rispose don Camillo. – Bisogna pensare a quello che nascerà.

– A me interessa che si sposino subito e vadano all'inferno! – disse il Rocchi.

– Se credete che questa sia la cosa più importante perché venite a domandare consiglio? Se vi interessa soltanto che si sposino lasciate che si sposino come meglio credono.

– Il fatto è che la ragazza ha detto che o si sposa in chiesa oppure non si sposa!

Don Camillo sorrise.

– Dovreste essere contento di avere una figlia così. Un male non lo si *elimina* con un altro male. È una ragazza con la testa a posto. Dovreste essere contento di lei.

– Va a finire che la uccido! – gridò il Rocchi uscendo dalla chiesa.

– Beh, non vorrete forse che io dica a vostra figlia di non sposarsi in chiesa! – gli gridò dietro don Camillo.

Durante la notte la ragazza sentì dei colpi contro la finestra e la cosa durò tanto e poi tanto che alla fine si decise a scendere.

Il Falchetto l'aspettava e quando lo potè guardare in faccia la ragazza si mise a piangere.

– Ho lasciato il partito, – spiegò il giovanotto. – Domani uscirà la notizia. Prima di lasciarmi andare Peppone ha voluto che la scrivessi io.

La ragazza gli si avvicinò.

---

eliminare, levare via.

– Ti ha picchiato molto?

– Non la finiva più, – spiegò il Falchetto. – Quando ci sposiamo?

– Anche subito, – rispose la ragazza. E anche lei disse una grossa sciocchezza perché era quasi l'una di notte e, per di più, il povero Falchetto, oltre a tutto il resto, aveva un occhio nero.

– Domani sera andrò a parlare con il prete, – disse il Falchetto. – Io però in *municipio* non ci voglio andare. Niente sindaco. Io non lo voglio più vedere Peppone.

Si toccò l'occhio nero e la ragazza gli mise una mano sulla spalla.

– Andremo anche dal sindaco: non aver paura, ci sarò io a difenderti.

La Paolina andò la mattina presto a trovare don Camillo.

– Potete darmi l'assoluzione, – disse. – Guardate che io non ho fatto niente di quello che vi avevo raccontato. Dovete semplicemente tenere conto che non vi ho detto la verità.

Don Camillo la guardò *perplesso*.

– Se non raccontavo quella storia, dicevate voi a mio papà di lasciarmi sposare il Falchetto?

Don Camillo fece di no con la testa.

– Non gli dire niente a tuo padre, però, – fu il consiglio di don Camillo. – Neppure quando sarete sposati.

– No, non glielo dirò, – rispose la ragazza. – Mi ha battuto come se fosse vero quello che gli avevo raccontato.

---

municipio, ufficio dove il sindaco lavora.

perplesso, meravigliato al punto di non capire.

– Appunto, – esclamò don Camillo. – Perché buttar via tante buone legnate?

Quando passò davanti all'*altare*, il Cristo lo guardò un po' *corrucciato*.

– Don Camillo, tu cammini su una strada pericolosa da un po' di tempo.

– Con l'aiuto di Dio si può camminare su qualunque strada, – rispose don Camillo. – Questo sarà un matrimonio che avrà il valore di quindici dei soliti.

E fu davvero così.

altare

---

corrucciato, un po' arrabbiato.

Domande

1. Perché a don Camillo non piace il Rocchi?

2. Chi è Paolina?

3. Di chi è innamorata?

4. Chi è il Falchetto?

5. Che cosa racconta Paolina a don Camillo e a suo padre?

6. Perché il Rocchi batte Paolina?

7. Perché le permette di sposarsi?

8. Come vogliono sposarsi i due giovani?

9. Perché Peppone batte il Falchetto?

10. Che cosa confessa Paolina a don Camillo?

Fulmine detto Ful

Due giorni prima che aprissero la *caccia*, Lampo morì. Era molto vecchio ed era naturale che fosse stanco di fare il cane da caccia, un mestiere che gli dava una fatica *straordinaria* per la semplice ragione che non era il suo.

Per qualche giorno don Camillo si sentì triste, poi gli passò e una mattina, Dio sa come, si trovò in mezzo ai campi con il fucile tra le mani.

Una *quaglia* si alzò da un campo e don Camillo sparò. L'uccello continuò a volare tranquillo e don Camillo continuava a gridare: «Stupido cane!», ma si ricordò che Lampo non c'era più e ritornò ad essere triste.

Girò per ore in mezzo ai campi, sparò un colpo dietro l'altro ma non riuscì a prendere niente. Come si può fare qualcosa di buono senza cane?

Gli era rimasto un colpo: una quaglia si levò e don Camillo sparò. Non doveva averla sbagliata: ma come fare per saperlo? Poteva essere caduta in mezzo all'erba del *prato*. Impossibile trovarla. Meglio lasciar perdere.

quaglia

---

fulmine, parola che viene anche usato per descrivere qualcosa o qualcuno veloce.

caccia, lo sport del prendere o dell'uccidere certi animali in alcuni mesi dell'anno.

straordinario, fuori del normale.

prato, campo dove cresce l'erba per gli animali.

Don Camillo si guardava intorno per riuscire a trovare la via di casa quando un rumore gli fece voltare la testa.

Dal prato saltò fuori un cane che gli arrivò correndo fin davanti e gli buttò ai piedi una grossa *lepre* che teneva fra i denti.

– Vecchio mondo, – fece don Camillo. – Questa è bella. Io tiro un colpo a una quaglia e questo mi porta una lepre. Don Camillo prese fra le mani la lepre e vide che era bagnata. Anche il cane era bagnato. Era chiaro che veniva dall'altra parte del fiume. Don Camillo mise la lepre dentro il *carniere* e andò a casa. E il cane, dietro. Il cane lo seguì e, quando don Camillo entrò in casa, si mise ad aspettarlo davanti alla porta.

Don Camillo non aveva mai visto un cane come quello. Era una gran bella bestia e doveva anche essere molto in gamba.

«Se non viene dall'altro mondo e se qualcuno lo ha perso, questo qualcuno salterà fuori», pensò don Camillo. E fece entrare il cane.

Poi la sera, prima di dormire, pensò molto al cane ma si mise l'anima in pace dicendosi: «Domenica lo dirò in chiesa».

La mattina presto, quando si alzò per dire la Messa, don Camillo aveva dimenticato il cane: lo trovò di nuovo tra i piedi mentre stava per entrare in chiesa.

lepre — carniere

– Resta lì ed aspetta! – gli gridò don Camillo. E il cane si fermò vicino alla porta e quando don Camillo uscì, era ancora lì e gli fece festa.

Fecero colazione insieme e alla fine il cane, vedendo don Camillo prendere il fucile che stava in un angolo, per metterlo al suo posto, cominciò ad *abbaiare* e correva verso la porta, poi entrava per vedere se don Camillo gli veniva dietro e continuò tanto questa commedia che don Camillo dovette prendere il fucile e uscire per i campi.

Era un cane fantastico, una di quelle bestie che fanno pensare: «Qui, se sbaglio il colpo faccio una figura da cane!»

Don Camillo fece del suo meglio e, davvero, fu un *cacciatore degno del* cane.

Ritornando a casa col carniere pieno don Camillo disse a se stesso: «Lo chiamerò Fulmine».

Poi, in un secondo tempo, pensando che Fulmine è un nome che non finisce più, decise: «Fulmine, detto Ful».

Ora che aveva finito il suo lavoro, il cane si divertiva correndo dietro alle *farfalle*, lungo un grande prato.

– Ful! – gridò don Camillo.

Successe come se qualcuno, dall'altra parte del prato, avesse tirato contro don Camillo una bomba: il cane

farfalla

---

abbaiare, il suono che fa il cane.
cacciatore, colui che va a caccia.
degno di, dello stesso valore di.

partì e si vide soltanto la *scia* che, aprendo il mare d'erba, la bestia lasciava dietro di sé.

– Bravo Ful! – gli disse don Camillo. E il cane gli fece tutt'intorno una tale festa da far pensare a don Camillo: «Se questo non la finisce, mi metto ad abbaiare anch'io».

Passarono così due giorni e un piccolo diavolo che si era messo dietro don Camillo era quasi riuscito a fargli dimenticare che, la domenica, doveva dire in chiesa del cane trovato, quando, nel pomeriggio del terzo, tornando da caccia col carniere pieno e con Ful che correva davanti a lui ad aprirgli la strada, don Camillo incontrò Peppone.

Peppone era di cattivo umore: veniva anche lui dalla caccia, ma il suo carniere era vuoto.

Peppone guardò Ful, poi levò di tasca un giornale e lo aperse.

– Curioso, – disse; – pare proprio il cane che cercano qui.

Don Camillo prese il giornale e trovò subito quello che non avrebbe voluto trovare. Uno di città dava un mucchio di denaro a chi gli avesse fatto ritrovare un cane da caccia così e così, perdutosi il giorno tale, nel tal posto lungo il fiume.

– Bene, – disse don Camillo di cattivo umore. – Non è più necessario dirlo in chiesa domenica. Lasciami il giornale. Poi te lo rendo.

– Capisco, però dispiace, – rispose Peppone. – In paese si dice che sia un cane straordinario. D'altra parte pare che sia la verità perché dei carnieri così, quando avevate Lampo, non ne avete mai portati a casa. Io, se fossi in voi . . .

---

scia, segno lasciato dalle barche nell'acqua.

– Anch'io, se fossi in te, – lo interruppe don Camillo.
– Poiché però io sono in me, faccio il mio dovere e rendo
il cane al suo padrone.

Arrivato in paese, don Camillo entrò correndo alla
posta per scrivere all'uomo di città. E il piccolo diavolo
che stava cercando il modo di mettere don Camillo in
difficoltà non vi riuscì perché aveva pensato che don
Camillo avrebbe scritto una lettera al signore di città:
non aveva pensato ad un *telegramma*.

Per scrivere una lettera ci vuole il suo tempo, quindici,
venti minuti. E in quindici o venti minuti un diavolino
in gamba riesce a diventare padrone della situazione. Per
buttar giù quattro parole alla posta su un telegramma
ci vogliono invece pochi secondi e anche un grosso
diavolo ha poco da fare.

Il *tipo* di città arrivò il giorno dopo su una «*Aprilia*».
Era pieno di sé e *antipatico*.

– È qui il mio cane? – domandò.

– Qui c'è un cane trovato in giro da me, – disse don
Camillo. – Che sia vostro dovete dimostrarlo.

telegramma
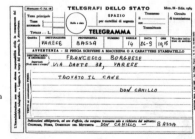

---

in gamba, bravo e veloce.

tipo, modo di chiamare una persona che si conosce poco.

«*Aprilia*», nome di una macchina.

antipatico, tutt'altro che simpatico.

Il tipo di città descrisse il cane dalla testa ai piedi.

– Può bastare o devo anche dirvi come è fatto dentro?

– Può bastare, – rispose *cupo* don Camillo aprendo la porta.

Il cane stava per terra e non si mosse.

– Ful! – lo chiamò il tipo di città.

– Si chiama così? – domandò don Camillo.

– Sì.

– Strano, – disse ancora don Camillo.

Il cane non si era mosso e il tipo di città lo chiamò ancora.

– Ful!

Il cane lo guardò con occhi cattivi.

Non pare sia il vostro, – disse don Camillo.

Il tipo di città agguantò il cane per il *collare* e lo portò fuori. Poi girò il collare e sotto c'era una *targhettina* che portava scritte alcune parole.

– Legga, reverendo. Qui c'e il mio nome, la via e la città. Anche se il cane non pare mio, lo è.

Il tipo di città indicò l'automobile a Ful:

– Su, sali! – gli disse.

E Ful lentamente, con la testa bassa, salì sulla macchina.

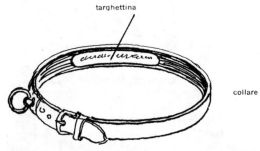

targhettina

collare

---

cupo, scuro in viso.

Il tipo di città levò di tasca un biglietto da cinquemila lire e lo diede a don Camillo:

– Per il suo aiuto, – disse.

– Niente, io sono solito rendere la roba trovata al suo padrone, – rispose don Camillo dando indietro il denaro.

Il tipo di città ringraziò don Camillo.

– La ringrazio molto, reverendo. È un cane che mi costa un mucchio di soldi. È un cane inglese che ha vinto tre grossi premi. Ma l'altro giorno mi ha fatto sbagliare una lepre e allora l'ho picchiato e quello è fuggito.

– È un cane che sa il suo mestiere, – rispose don Camillo. – La lepre non l'avete sbagliata. Tanto è vero che poi l'ha trovata e l'ha portata a me.

– *Gli passerà,* – disse ridendo il tipo di città salendo in macchina.

Don Camillo passò una terribile notte e, la mattina seguente, quando uscì dalla chiesa dopo la Messa, era cupo. Pioveva forte e c'era un vento terribile, ma Ful era lì e quando vide don Camillo gli fece una festa da non dirsi.

Don Camillo rientrò con Ful, e subito si fece triste.

– C'è poco da stare allegri, – disse al cane. – Ormai sa la strada e verrà a riprenderti.

Il cane *guaì* come se avesse capito. E si lasciò lavare da don Camillo poi si mise davanti al camino dove don Camillo aveva acceso il fuoco perché Ful si asciugasse.

Il tipo di città tornò lo stesso pomeriggio. Era arrabbiatissimo perché la sua «Aprilia» era tutta sporca.

Non ci fu bisogno di spiegare niente: entrato in casa, trovò Ful davanti al camino.

---

gli passerà, tornerà di buon umore.
guaire, il suono di un cane che si lamenta.

– Mi dispiace di essere di nuovo qui, – disse il tipo di città. – Però vedrà che è l'ultima volta. Lo porterò in una mia villa che ho nel Varesotto. Di lì non fuggirà di sicuro.

Quando il tipo di città lo chiamò, Ful lo guardò con occhi cattivi e questa volta non salì da solo sulla macchina ma dovette mettervelo a forza il padrone. E quando fu chiusa la macchina cominciò a saltare e ad abbaiare, cercando di fuggire.

La mattina dopo, don Camillo uscì da casa col cuore che gli batteva forte: ma Ful non c'era. E Ful non venne neppure il giorno dopo e, a poco a poco, don Camillo si rese conto di averlo perduto. E così passarono quindici giorni, ma la notte del sedicesimo, verso l'una, don Camillo sentì che qualcuno lo chiamava da giù, ed era Ful.

Scese e lì davanti alla chiesa, sotto le stelle, vi fu il più dolce incontro che mai sia stato descritto.

Ful era in uno stato terribile: sporco, magro e tanto stanco da non poter neppure stare in piedi.

Ci vollero tre giorni per rimetterlo come si deve, ma la mattina del quarto, quando don Camillo entrò in casa, finita la Messa, Ful gli prese l'abito fra i denti e lo tirò verso l'angolo dove stava il fucile, e tanto fece che don Camillo dovette seguirlo a caccia.

Passò una settimana straordinaria: Ful era sempre più bravo e i carnieri di don Camillo facevano diventare verdi tutti i cacciatori del paese.

Ogni tanto qualcuno veniva a vedere il cane e don Camillo diceva:

– Non è mio: me l'ha lasciato qui uno di città perché glielo prepari alla caccia della lepre.

Arrivò una mattina anche Peppone e stette in silenzio a guardare a lungo Ful.

– Questa mattina non esco, – disse don Camillo. – Lo vuoi provare?

Peppone lo guardò meravigliato.

– Dite che verrebbe?

– Credo di sì: non sa che sei comunista. Ti vede con me e crede che to sia una persona per bene.

Peppone non rispose perché l'idea di provare quel cane gli faceva dimenticare tutto il resto. Don Camillo prese il fucile e il carniere e li diede a Peppone.

Ful, che, visto don Camillo avvicinarsi al fucile, si era subito fatto allegro, guardò senza capire quell'atto.

– Ful, vai con il signor sindaco, – gli disse don Camillo. – Io oggi ho da fare.

Peppone, messo sulla spalla fucile e carniere, si mise in cammino: Ful lo guardò, poi guardò don Camillo.

– Vai, vai, – disse ancora don Camillo. – È brutto, ma non fa male.

Ful si mise dietro Peppone. Ma era meravigliato, e fatti pochi passi, si girò.

– Vai, vai, – gli ripeté don Camillo. – Però stai attento perché cercherà di farti entrare nel suo Partito.

Ful si mise in cammino. Se don Camillo aveva dato fucile e carniere a quello là voleva dire che quello là era un suo amico.

Ful ritornò dopo due ore: entrò con una bellissima lepre in bocca e la mise ai piedi di don Camillo.

Di lì a poco arrivò Peppone fuori di sé.

– Al diavolo voi e il vostro cane straordinario! Bravo, bravissimo, però mi ha mangiato una lepre lunga così. Gli uccelli me li ha portati: la lepre se l'è mangiata.

Don Camillo tirò su la lepre e la diede a Peppone.

– È un cane intelligente, – spiegò. – Ha pensato che se il fucile e il carniere erano miei, era giusto che fosse mia anche la lepre *ammazzata* con quel fucile.

Che Ful l'aveva fatto in perfetta buona fede, era facile capirlo perché quando vide Peppone non fuggì, ma gli fece anzi una gran festa.

– È una bestia straordinaria, – disse Peppone. – Io a quello là non gliela darei più indietro neppure se venisse qui coi carabinieri.

Don Camillo non disse nulla.

Il tipo di città *si fece* ancora *vivo* una settimana dopo. Era in abito da caccia con un bellissimo fucile.

– È fuggito anche di là, – spiegò. – Sono venuto a vedere se, per caso, fosse tornato.

– È tornato proprio ieri, – rispose cupo don Camillo.

– Se lo riprenda pure.

Ful guardò il padrone e *ringhiò*.

– Questa volta ti metto a posto io! – disse il tipo di città avvicinandosi al cane.

Ma Ful ringhiò ancora e il tipo di città perdette la calma e gli diede un colpo col piede.

– Stupido! Ora ti faccio vedere io! – gridò.

Il cane si mise per terra sempre ringhiando e allora don Camillo disse:

– È un cane *di razza:* non va preso con la forza. Lo

---

ammazzare, uccidere.

farsi vivo, tornare, comparire di nuovo.

ringhiare, il suono che fa il cane quando è arrabbiato.

essere di razza, essere nato da genitori di grande valore, essere di sangue puro.

lasci tranquillo un minuto in modo che si calmi. Entri a bere un bicchiere.

L'uomo entrò nella casa. Don Camillo scese a prendere una bottiglia, ma prima di arrivare giù trovò il tempo di scrivere un bigliettino e di darlo al ragazzino del campanaro:

– Portalo a Peppone.

Nel biglietto c'erano poche parole: «È tornato il tipo. Prestami subito ventimila lire perché cerco di comprare il cane».

Il tipo di città bevve qualche bicchiere, parlò del più e del meno con don Camillo, poi guardò l'orologio e si alzò.

– Mi dispiace, ma devo andare. Gli amici mi aspettano per le undici. Dobbiamo andare a caccia insieme e ho appena il tempo di arrivare.

Ful stava ancora nel suo angolo e, appena vide il tipo di città, ringhiò.

E ringhiò ancora di più quando il signore gli si avvicinò.

In quel momento don Camillo sentì arrivare qualcuno e, andato alla porta, si vide davanti Peppone.

Don Camillo gli fece un movimento *interrogativo* col capo e Peppone fece segno di sì con la testa. Poi gli mostrò le due mani aperte, poi ancora una mano e un dito dell'altra.

Questo voleva dire che aveva sedicimila lire.

Don Camillo si sentì più tranquillo.

– Signore, – disse al tipo di città, – come Lei vede il cane non La può soffrire. Sono cani di razza che non

---

interrogativo, di domanda.

dimenticano e Lei non riuscirà mai a farsi amare. Perché non me lo vende?

Don Camillo fece il conto di tutto quello che possedeva, poi disse:

– Posso darle diciottomila e ottocento lire: è tutto quello che ho.

Il tipo di città rise:

– Reverendo, Lei scherza: questa bestia mi costa ottantamila lire e non la venderei neppure per cento. Se non mi può soffrire, bene, imparerà.

Senza preoccuparsi del fatto che Ful ringhiasse, il tipo di città agguantò il cane e lo portò verso la macchina. Poi cercò di metterlo dentro ma il cane cominciò ad *agitarsi* e, così, con le *unghie*, gli rovinò la macchina.

Il tipo di città perdette la calma e, con la mano libera, cominciò a picchiare la bestia. Il cane si agitò di nuovo e prese fra i denti la mano che lo teneva fermo.

L'uomo lasciò gridando l'animale e il cane andò a *rifugiarsi* contro il muro della casa e di lì stette a guardare ringhiando il suo nemico.

Don Camillo e Peppone, che avevano seguito il tutto a bocca aperta, quando si accorsero di quello che stava succedendo, non ebbero neppure il tempo di parlare. L'uomo di città, bianco come un morto, aveva levato

unghie

---

agitarsi, muoversi con forza.
rifugiarsi, andare in un luogo sicuro.

dalla macchina il fucile e l'aveva alzato contro il cane.

– Brutta bestia! – disse a denti stretti facendo partire un colpo.

Il muro diventò rosso di sangue e Ful rimase immobile per terra. Il tipo di città intanto era salito sulla «Aprilia», partendo velocemente. Don Camillo non se ne accorse neppure e neppure si accorse che Peppone era saltato sulla *moto* e se ne era andato anche lui.

Don Camillo, vicino a Ful, pensava soltanto a Ful.

Il cane lo guardò lamentandosi, quando don Camillo lo accarezzò leggermente sulla testa.

Poi si levò in piedi e abbaiò allegramente.

Peppone ritornò dopo una mezz'ora.

– L'ho preso dalle parti di Fiumaccio: qui ha dovuto fermarsi perché stava per passare il treno. L'ho levato fuori dall'«Aprilia» e gliene ho date tante da fargli venire una faccia grossa così. Lui ha tentato di prendere il fucile e allora io gliel'ho rotto sulla testa.

Un gemito lo interruppe.

– Non è ancora morto? – domandò Peppone.

Il colpo lo ha toccato solo leggermente, – spiegò don Camillo. – In una settimana sarà più in gamba di prima.

– Comunque, – spiegò don Camillo, – moralmente lui l'ha ammazzato. Quando ha sparato sul cane, voleva

moto

ammazzarlo. Se Sant'Antonio lo ha fatto sbagliare, questo non cambia per niente la sua *vigliaccheria*. Tu hai fatto malissimo a picchiarlo perché gli atti di forza sono sempre da *evitare*. Comunque...

– Proprio: comunque! – disse Peppone. Quello là di sicuro non si farà più vedere da queste parti e così voi ci avete guadagnato un cane!

– Mezzo cane, – disse calmo don Camillo. – Perché moralmente io ti devo le sedicimila lire che non mi hai dato ma che eri pronto a darmi. Quindi mezzo cane è anche tuo.

Peppone passò la mano fra i capelli.

– Vecchio mondo, – disse, – per la prima volta trovo un prete che fa le cose per bene e non cerca di rovinare il popolo.

Don Camillo lo guardò male:

– Giovanotto, se fai anche qui della politica, io cambio idea e mi tengo tutto il cane.

– *Come non detto*, – disse Peppone, il quale era sì quello che era ma, alla fine, il cacciatore è uomo e perciò ci teneva molto di più ad avere l'amicizia di Ful che quella di Marx, di Lenin e roba del genere.

Ful con un allegro abbaiare, arrivò dentro e mise del tutto fine alla piccola guerra.

---

vigliaccheria, atto cattivo.

evitare, non fare.

come non detto, qui vuol dire: «Dimentichiamo quello che ho detto».

Domande

1. Chi è Lampo?
2. Che cosa succede quando don Camillo va a caccia per la prima volta senza cane?
3. Come è il cane che don Camillo incontra vicino al fiume?
4. Come lo chiama?
5. Di chi è quel cane?
6. Come fa don Camillo per renderlo al suo padrone?
7. Come è il padrone del cane?
8. Che macchina ha?
9. Perché Ful non ama il suo padrone?
10. Quando torna Ful da don Camillo?
11. Che cosa fa allora il padrone?
12. Quanto tempo rimane lontano Ful questa volta?
13. Da dove è venuto?
14. Che cosa pensa Peppone del cane?
15. Che cosa decide di fare don Camillo quando il padrone ritorna ancora una volta?
16. Chi vuole aiutare don Camillo a comprare il cane?
17. Perché il padrone non vuole venderlo?
18. Che cosa avviene di Ful quando il suo padrone perde la calma?
19. Come e da chi viene punito il padrone?
20. Come si mettono d'accordo don Camillo e Peppone per il cane?

Vittoria proletaria

Lo Smilzo spense la radio, e il silenzio cadde nella grande stanza scura e fredda.

Per ore ed ore gli uomini del Partito avevano aspettato la notizia e, adesso che era arrivata, nessuno trovava la forza di parlare.

– E adesso, cosa si fa? – domandò alla fine il Bigio.

– La situazione è difficile, – rispose Peppone. – Appunto per questo bisogna non perdere la calma. La prima cosa da fare è di stare tutti con gli occhi bene aperti. Non si sa che cosa vogliano fare gli *avversari* e, tanto per cominciare, mettiamo subito al sicuro i *documenti*.

In verità gli avversari non mossero un dito: non fecero altro che dire il loro pensiero sulla morte del padre dei popoli: «Uno di meno!»

Don Camillo, trovandosi a parlare del fatto con uno del Partito, disse:

– Sono affari suoi: adesso se la deve vedere lui col *Padreterno*.

– Secondo me è un uomo che ha fatto tanto bene alla povera gente che andrà diritto in Paradiso, – continuò l'uomo.

---

vittoria proletaria, quando il popolo vince.

avversario, chi sta contro qualcuno o qualcosa.

documento, carta importante.

Padreterno, il Padre eterno è Dio.

– Se il Padreterno ha messo Roosevelt alla porta del Paradiso può anche darsi che Stalin arrivi pure in Paradiso, – disse allora don Camillo.

Peppone si accorse che bisognava avere un buon controllo non tanto fuori quanto dentro al partito stesso.

– Molti dei nostri sono senza parole dal dolore per la morte del capo, – disse Peppone. – Bisogna *tirarli su di giri*.

bandiera

altarino

Decise quindi di fare l'*altarino*: e l'altarino venne alzato subito alla Casa del Popolo. L'immagine del Capo si mostrava su una parete di *bandiere* rosse, illuminata da una grossa stella di *lampadine*.

lampadina

tirare su di giri, rendere più allegri.

Fatto l'altarino, Peppone disse agli uomini del partito:

– Sia ben chiaro: nessuna offesa. Da qualunque parte venga. Il momento è difficile: gli avversari credono di poter tirare su la testa, ma bisogna far capire alla gente che niente è cambiato. Mettetevi in giro: occhi e orecchie aperti. Nei casi difficili, darne subito notizia al partito.

Ed ecco che il caso difficile si presentò subito. Fu lo Smilzo a darne notizia.

– Capo, – disse lo Smilzo, – può il Partito *prendere a sberle* la vecchia Desolina?

La vecchia Desolina aveva ottantatre anni e pareva l'immagine del mal di *schiena*.

– Non diciamo sciocchezze! – rispose Peppone. – Che cosa c'entra la vecchia Desolina?

– C'entra perché, per colpa sua, il paese sta ridendo alle nostre spalle.

Peppone rimase meravigliato.

– Cosa diavolo ha fatto?

– Ha messo fuori un *cartello* che tutti vanno a leggere.

schiena

---

prendere a sberle, picchiare.

cartello

vetrina

23 brigante
18 sangue
62 meraviglia
59 avvenimento
lieto

– Un cartello contro di noi?

Lo Smilzo aprì le braccia:

– Capo, è difficile da spiegare. Vieni fino alla casa della Desolina e vedrai.

Si misero in cammino e ben presto si trovarono in mezzo a gente che rideva, davanti alla *botteguccia* della Desolina. Quando la gente vide Peppone, *il gruppo si sciolse*. Peppone aveva una faccia che non prometteva niente di buono e tutti se ne accorsero.

Un cartello si mostrava, dal di dentro, nella *vetrina* della botteguccia e Peppone, letto quanto stava scritto, entrò.

La botteguccia della Desolina era una stanza dentro la

---

botteguccia, piccola bottega.

il gruppo si sciolse, ognuno andò per la sua strada.

quale ci si poteva appena muovere: un *banco* e quattro *scatoloni* erano tutto quello che lei aveva. E le *merci* erano semplicemente qualche carta di *bottoni*, due *vasi* con *caramelle* di tanti colori, e così via.

Ma la botteguccia della Desolina era importante per qualcosa di cui era, per tutti i paesi intorno, sola ad averne i diritti, la Desolina.

La Desolina, infatti, sapeva tirare fuori i numeri del *lotto* da qualunque fatto, da qualunque sogno: così un mucchio di gente veniva nella bottega della Desolina. E non per nulla, perché, più di una volta, la vecchia aveva dato i numeri giusti.

Vedendo entrare Peppone, la Desolina alzò gli occhi. Era una vecchia calma calma che non si meravigliava mai di niente.

– Sentite, – domandò Peppone. – Cosa vuol dire quel cartello che avete messo fuori?

– C'è scritto su, – spiegò la vecchietta. – Sono i numeri del morto.

– E perché l'avete messo fuori con la *spiegazione?* – domandò ancora Peppone.

– Era un andare e venire di gente che non finiva mai, – spiegò la vecchietta. – Tutti volevano i numeri del morto e tutti volevano la spiegazione. Non si poteva più vivere. Così ho messo fuori il cartello coi numeri e con la spiegazione.

Lo Smilzo allora disse:

– Quella non è una spiegazione, è una offesa.

---

merce, quello che viene venduto o comprato.

lotto, gioco in cui vengono tirati fuori su una ruota cinque numeri dall'uno al novanta e vince colui che ha uno o più di quei numeri.

spiegazione, quello che vuol dire una cosa.

scatolone   vaso

banco

bottoni   caramella

La vecchia lo guardò meravigliata. Levò dalla vetrina il cartello e lo mise sul banco.

– A me pare che tutto sia chiaro, – disse la Desolina. E lesse ad alta voce il cartello:

Numeri della morte di Stalin

23 *brigante*
18 sangue
62 meraviglia
59 *avvenimento* lieto

---

brigante, persona che fa atti cattivi.
avvenimento, fatto.

La Desolina guardò su verso Peppone.

– Cosa ci trovate di strano? Era o no un brigante? E se brigante era, fa 23.

– Non diciamo sciocchezze! – gridò Peppone. – Era il più grande uomo della terra, uno che ha fatto un mucchio di bene ai poveretti.

La vecchia scosse il capo:

– Era uno scomunicato, un senza Dio che ammazzava i preti e tutti quelli che non la pensavano come lui. Quindi era un brigante e il suo numero è 23. Poiché era un brigante e ha fatto ammazzare milioni di persone, il secondo numero è 18 perché il sangue fa 18. Il terzo numero è 62 che vuol dire meraviglia. Infatti la morte ha meravigliato tutti. Quelli contro di lui che si sono meravigliati che il Padreterno l'abbia tenuto vivo per tanto tempo. Quelli del suo partito che si sono meravigliati che un uomo così importante potesse morire come tutti gli altri uomini. E poi c'è l'avvenimento lieto. Se non è un avvenimento lieto la morte di uno come quello lì, di che cosa si può essere contenti al mondo? Del resto basta parlare con la gente per sentire come tutti sono contenti. Quindi il quarto numero è 59 che vuol dire avvenimento lieto.

Peppone non stava più in sé dall'ira.

– Desolina, io, se volessi, potrei farvi finire in *prigione*! – disse. – Questa è tutta una *infame* offesa al partito.

– Questi sono i numeri del morto, – disse ancora tranquilla la vecchietta. – Chi li vuol giocare li gioca, chi non li vuol giocare non li gioca.

---

prigione, casa dove si chiudono coloro che fanno del male agli altri, per es. rubare, uccidere, ecc.

infame, tanto grave che non si può dire.

– Voi tirate dentro questo cartello e non lo tirate fuori più! – gridò Peppone.

La vecchietta alzò le spalle:

– Ho ottantatre anni ed è la prima volta che mi viene fatta una cosa così. Prendetevi pure il cartello: vuol dire che i numeri del morto li darò a voce.

Peppone nascose il cartello sotto la giacca e stava già uscendo, quando si voltò:

– Desolina, – disse con voce calma, – voi state facendo il gioco di qualche brigante che si serve di voi per offenderci. Non è una bella cosa, questa.

– Io non faccio il gioco di nessuno, – rispose la vecchia. – Io faccio il gioco del lotto. I numeri del morto sono questi, e questi numeri io dò a chi me li domanda.

– Desolina, non prendetemi per stupido, – disse Peppone. – Dite la verità: questi numeri ve li ha passati qualcuno e voi fate il suo gioco perché quel qualcuno, forse, è il prete, e allora quel che dice il prete è l'unica verità, per voi che siete di chiesa. Se volete tirar fuori i numeri del morto, tiratene fuori altri. Avete capito?

– I numeri del morto sono questi! – disse ancora una volta la vecchietta. – E se devo tirar fuori i numeri del morto non posso tirar fuori che questi. Brigante, sangue, meraviglia, avvenimento lieto. 23, 18, 62, 59. Il mio mestiere lo so.

Più tardi il gruppo di controllo del partito venne a dire a Peppone che c'era un mare di gente davanti alla bottega della Desolina: anche dai paesi vicini arrivava gente per avere dalla vecchia i numeri con la «spiegazione».

– A quegli stupidi non interessano niente i numeri: interessano le «spiegazioni»! – disse lo Smilzo.

– È una cosa che non può continuare! – gridò fuori di

sé Peppone. – È una offesa troppo grave! Bisogna fare qualcosa!

Il Brusco, che parlava soltanto quando era proprio necessario, fece sentire la sua voce:

– Secondo me, intanto, comincerei col giocare i numeri . . .

Peppone saltò in piedi e lo agguantò per il collo:

– Brusco, – gridò, – spero che sia uno scherzo!

Il Brusco aprì le braccia:

– Capo, di' quel che vuoi: fino a domani a mezzogiorno c'è tempo. Io domani mattina vado in città e, senza che nessuno ne sappia niente, mi gioco i numeri.

– Brusco, mi spaventi! – disse con orrore.

– Capo, – rispose il Brusco, – la politica è la politica, il gioco del lotto è il gioco del lotto. Io, dei numeri della Desolina, prendo soltanto la parte che ha a che fare con il gioco del lotto. In fondo la Desolina ha avuto spesso ragione e anche questi numeri possono uscire.

– Non possono uscire! – gridò Peppone. – Sono soltanto una sporca *propaganda* contro il Partito!

Era ormai sera e il gruppo si divise senza altre parole.

Il Brusco aveva acceso in Peppone una forte ira e, una volta a letto, non riuscì a dormire e continuò a girarsi da una parte all'altra.

Sentì suonare le ore. Le sentì suonare tutte e, quando furono le cinque e mezzo, qualcuno dalla strada buttò un sasso contro la finestra.

Peppone guardò giù, ed era il Brusco.

– Capo, hai bisogno di qualcosa? Io vado in città.

Peppone gli gettò giù del denaro.

---

propaganda, ciò che si dice per far conoscere le idee di un partito o di un movimento.

76

– *Terno* e *quaterna* per tutte le ruote, – disse con ira Peppone.

Poi chiuse la finestra e tornò a letto. E soltanto allora poté dormire.

Si alzò dal letto tardissimo e non si mosse di casa. Alle sei e trenta del pomeriggio arrivò correndo lo Smilzo:

– Capo, hai sentito la radio?

– No.

– Ci sono notizie grosse. Vieni subito al partito.

Quando Peppone entrò nel suo ufficio il Brusco gli corse incontro:

– È uscito il terno sulla ruota di Milano!

Peppone si asciugò la fronte:

– Io ci guadagno circa trecentocinquantamila lire! – disse. – E voi?

– Lo stesso: abbiamo giocato quello che hai giocato tu.

– Bene . . . pensate se fosse uscita la quaterna! – disse Peppone. – Quale numero non è venuto?

– Il 62, quello della meraviglia! – spiegò il Bigio.

– C'era da immaginarselo, – disse il Brusco. – Brigante, sangue, avvenimento lieto: lì un senso c'era. Ma la meraviglia proprio non c'entrava! Che meraviglia ci può essere se uno vecchio come il mondo un bel giorno muore?

Il Lungo ricevette l'ordine di chiudere porte e finestre, di trovare roba da mangiare e da bere.

Mangiarono e bevvero lì, nell'ufficio di Peppone e, all'una di notte, stavano ancora mangiando e bevendo.

All'una di notte lo Smilzo si alzò con il bicchiere in mano:

– Beviamo alla salute del grande Capo! – disse. –

---

terno e *quaterna,* tre e quattro numeri giocati al lotto su una sola ruota.

Ricordiamoci che se egli non fosse morto, noi non avremmo fatto il terno.

– Egli non è morto perché la sua opera è viva e durerà sempre! – disse Peppone alzando il bicchiere.

Poi riprese a tagliare il *culatello*.

Il vento corse veloce per le strade quella notte. Ma non veniva dalla *steppa*. Era vento di casa.

---

culatello, tipo di salame fatto con carne di porco.
steppa, parte della campagna russa povera di acque.

Domande

1. Chi è la Desolina?

2. Che mestiere fa?

3. Perché è famosa in paese?

4. Quale triste notizia aspetta il partito?

5. Quali numeri dà la Desolina per la morte di Stalin?

6. Perché Peppone si arrabbia con la Desolina?

7. Che cosa decide di fare il Brusco?

8. Perché Peppone non può dormire?

9. Quando finalmente riesce a dormire Peppone?

10. Quali numeri escono?

11. Che cosa fanno al Partito dopo aver vinto?

L'anello

Uno che non avesse saputo la storia si sarebbe meravigliato che la Gisa diventasse triste entrando in quella stanza piena di disordine, una confusione di mobili, *casse, quadri* e via dicendo; ma, a saper la storia, tutto diventava chiaro.

Il tutto si spiegava in un *ritratto* a colori nel quale si vedeva la moglie del *podestà* vestita a festa, seduta con l'aria di una regina su una poltrona; aveva la mano sinistra sul *bracciolo* così, come se niente fosse, ma invece era tutta una commedia per far vedere il famoso anello.

podestà, persona che aveva il valore di sindaco quando il movimento politico chiamato Fascismo era al potere.

Quando vedeva quel ritratto la Gisa diventava nera: e nessuno diceva alla Gisa di entrare in quella stanza per guardare quel ritratto. Ma, invece, almeno una volta al giorno, entrava in quella stanza proprio per guardare quel ritratto, come se le facesse piacere farsi venire *rabbia*.

Il fatto è che, ai Pilastri, i Torconi non c'erano più da un bel pezzo quindi ora la Gisa Biolchi era lei la padrona della villa: ma in verità la padrona, là dentro, era sempre l'antipatica signora Mimì Torconi, la moglie del podestà.

E tutto questo era dovuto all'anello. Al famoso anello. Non era una questione di *magia* o altre sciocchezze; era soltanto perché quell'anello era come il segno del potere.

Uno capisce subito che queste sono le solite storie da film e commedie, roba da gente di città, insomma: eppure anche la Gisa Biolchi che non sapeva fare una «o» col bicchiere e che era semplicemente la moglie di un contadino ci arrivava benissimo a capirlo.

La *proprietà* Torconi si chiamava Pilastri *per via di* due *pilastri* messi a metà della strada, sul lato destro cam-

pilastro

---

rabbia, forte ira.
magia, forze che vanno oltre la natura umana.
proprietà, tutto quello che uno ha in soldi, oggetti, o in terra.
per via di, a causa di.

minando verso il fiume. Dai pilastri partiva una lunga strada e, in fondo ad essa, c'era la villa Torconi col giardino intorno e il muro del giardino finiva presso la casa del contadino Biolchi, che era anche quella della gente che lo aiutava, la stalla e così via.

Oggi, quando si parla di ville, si pensa subito alle brutte case che vengono su da un momento all'altro nelle città. Ma le ville che si vedono laggiù sono cose serie: grosse case col piano terra, il primo piano e poi i *solai* con tante piccole finestre.

La villa Torconi era fatta così: piena poi di un mucchio di bella roba, con *salotto* e anche un salottino usato solo dalla signora Mimì: perché la signora Mimì, essendo la moglie del podestà, aveva bisogno, si capisce, di un salottino tutto per sé pieno di tante belle cose e con perfino il *campanello* per chiamare la cameriera. «Maria, il tè . . .». Il caffè non andava: ci voleva quella roba gialla per la signora Mimì.

La Gisa, quando parlava di queste cose, diventava verde dalla ira: e, a dire la verità, non si poteva dire che fosse del tutto sbagliato, da un certo punto di vista, perché mentre i Torconi che erano in due soltanto più la cameriera avevano dieci o dodici stanze, i Biolchi, che avevano un mucchio di ragazzi dovevano vivere in quattro piccole stanze.

campanello

---

solaio, piano non abitato sotto il tetto.
salotto, stanza bella dove la famiglia riceve visite.

Ma quello che faceva più arrabbiare la Gisa Biolchi erano *le arie da regina* che *si dava* la signora Mimì. Era un bel pezzo di donna, sui quarantacinque anni, vestiva sempre di scuro perché era bionda e non portava *gioielli:* aveva soltanto un enorme anello tutto lavorato con oro e *brillanti.* Roba che faceva venire voglia di baciarlo con il più profondo rispetto.

Il segreto era tutto in quell'anello: la Gisa ricordava che, una volta, aveva visto la signora Mimì tutta in disordine, con un vecchio vestito e un brutto fazzoletto in testa perché stava mettendo in ordine la casa. Vestiva ancora peggio della cameriera e con la faccia sporca: però aveva al dito il famoso anello e faceva lo stesso la figura di quando era vestita come una regina.

Il podestà Torconi si dava anche lui le sue belle arie, però non c'era mai stato niente da dire su di lui: non aveva bisogno di *fare pasticci* perché era ricco, e non aveva mai fatto del male a nessuno perché non desiderava neppure di diventare più di quello che era. Era soltanto un podestà antipatico come oggi si direbbe un sindaco antipatico. Ma nessuno se ne era mai accorto.

Quando la guerra girò il corso, allora un mucchio di gente si accorse che era un podestà antipatico e, in questi casi, basta cominciare. Rimase podestà anche al cadere del *fascismo* e non fece né più né meno di quanto avesse fatto prima, ma l'odio intorno a lui diventava sempre più profondo di giorno in giorno.

---

darsi le arie da regina, sentirsi come una regina.

gioielli, oggetti di valore d'oro o d'argento che portano le signore, per es. un anello.

brillante, pietra bianca che brilla.

fare pasticci, fare delle cose non giuste nel proprio lavoro.

fascismo, movimento politico.

Nella storia è sempre stato così: a un bel momento una certa situazione comincia a cambiare, e la gente allora si accorge di essere stata trattata male e subito sente il bisogno di trovare gente da picchiare e da far fuori a colpi di fucile. E l'odio che non c'era mai stato prima, nasce e diventa più grave e tutti aspettano il momento per buttarsi contro la *vittima*.

E così don Camillo un giorno andò a trovare a casa il podestà: si era ai primi del '45 e cominciava a *far caldo* un po' *dappertutto*.

– Sarà meglio che ve ne andiate finché siete in tempo, – disse don Camillo al podestà, – ascoltatemi.

– Reverendo, – rispose il Torconi, – voi lo sapete bene: io non ho mai fatto del male a nessuno.

– Questo non vuol dire niente. È tutto davanti a Dio, ma davanti a un bel colpo di fucile non vale niente. I mezzi non vi mancano. Se ve lo dico ho le mie buone ragioni.

Al Torconi l'idea di fuggire non piaceva.

– Fuggire è da deboli, – diceva.

– È da deboli morire ammazzati quando non si è fatto niente di male. Bisogna aiutare le persone per bene. Io aiuto voi e voi dovete cercare di aiutare voi stesso.

Al Torconi dispiaceva moltissimo di lasciare la sua bella casa. Ma capì che bisognava andarsene: aspettò fino ai primi di aprile, poi andò a salutare don Camillo.

– Vado, reverendo. Se dovesse passare molto tempo prima che le cose tornassero a posto, vi lascio questa let-

---

vittima, chi soffre o perde la vita senza colpa.
far caldo, qui vuol dire che la situazione diventa pericolosa.
dappertutto, in ogni posto.

tera per Biolchi: c'è scritto tutto quello che dovrà fare: vendere quello che raccoglie dalle mie terre e dividere i soldi. Vedete un po' voi. Io provo a trovare rifugio in Svizzera con mia moglie. Ho ricevuto un mucchio di lettere che mi hanno spaventato. Avevate ragione voi.

– Fate le cose senza rumore, – gli disse don Camillo.

– Ho già preparato tutto perfettamente: l'unico a sapere qualcosa siete voi. Io sto tranquillo.

Il Torconi fece le cose veramente bene e soltanto tre giorni dopo si accorsero che era fuggito: «Abbiamo fatto male a lasciarlo scappare!», disse allora con rabbia la gente. «Aveva l'anima nera, se no non sarebbe scappato!».

Poi successe quel che successe e un bel giorno si videro in giro per le strade del paese *quelli col fazzoletto rosso al collo*.

I Biolchi non si lasciarono scappare l'occasione: si misero tutti e due, marito e moglie, un fazzoletto rosso al collo, presero sul carro due casse di bottiglie, andarono all'ufficio del partito, diedero le bottiglie e domandarono:

– Noi e i nostri figli ci roviniamo la vita in quattro stanze dove piove dentro, mentre a venti metri da noi c'è una villa vuota perché un brigante di podestà è scappato per paura di quel che aveva fatto. Va bene questo?

– Prendetevi la villa e date le vostre stanze ai servi, rispose il partito cominciando ad aprire le bottiglie.

I Biolchi aprirono le porte e diventarono padroni della villa. Ma qui cominciò la tragedia.

Misero ritratti, mobili e la roba da cucina dei Torconi nella stanza d'angolo al piano terra perché a loro interes-

---

quelli col fazzoletto rosso al collo, qui quelli del partito comunista.

sava stare più larghi. Però, subito, la Gisa si sentì la signora Gisa e volle tenersi il salottino, e le *tendine* alle finestre, e i vasi di fiori e, in molte stanze, anche i *tappeti,* perché questo era stato il suo sogno per anni ed anni e poi tutto era messo così bene che sarebbe stato un dispiacere rovinare quell'ordine che essa non capiva ma sentiva. E così, poco alla volta, a parte le cose di secondo ordine e i ritratti e la roba da cucina dei Torconi, tutto ritornò fuori e ritrovò il posto di prima. E la Gisa diventò una bestia perché se qualcuno camminava sopra un tappeto o si sedeva su una poltrona, andava fuori di sé.

Cominciò a chiudere tutte le stanze più belle, e la famiglia dovette vivere in cucina e nelle stanze dei servi.

Gli affari andavano molto bene perché, non dovendo più fare i conti col padrone, il Biolchi si teneva il novanta e più per cento e il resto lo metteva da parte come c'era scritto sulla lettera che gli aveva dato don Camillo. La Gisa si fece degli abiti scuri come quelli della signora Mimì e, ogni tanto, da sola, andava a mettersi dentro le stanze chiuse agli altri della famiglia e toccava questo e quest'altro e si sedeva sulle poltrone. Un pomeriggio provò a farsi anche il tè e se lo bevve sorridendo da sola.

Era la padrona, insomma; tutta roba sua, ormai, perché non riusciva neppure lontanamente a pensare che i Torconi potessero un giorno ritornare. E poi i Biolchi, se qualcuno avesse cercato di metterli fuori di lì, erano pronti a prendere il fucile in mano. La Gisa era la padrona, insomma: ma sentiva che la signora Mimì era sempre presente. Tanto è vero che, se cercava di muovere

---

tendina, stoffa che copre le finestre.
tappeto, stoffa di valore messa per terra in una stanza.

qualcosa – un vaso, un oggetto – subito si sentiva in dovere di rimetterlo dove stava prima.

E allora la Gisa andava a chiudersi nella stanza d'angolo: guardava il grande ritratto della signora Mimì e sempre più si diceva che tutto il segreto era in quell'anello famoso. Una volta che avesse avuto al dito un anello così, la Gisa si sarebbe sentita veramente la signora Gisa, la padrona.

Cominciò a far soffrire il marito per via dell'anello: l'anello, l'anello, sempre la storia dell'anello. Voleva l'anello; senza l'anello non poteva più vivere.

I soldi non mancavano e poi l'oro è sempre un ottimo affare.

– Ti compro un *bracciale*, – le rispondeva il marito. – Ti compro una *spilla*, ti compro gli *orecchini*.

Ma la Gisa voleva l'anello e soltanto l'anello.

Una notte il Biolchi non ne poté più con la storia dell'anello.

– Pur che tu chiuda una buona volta quella bocca, – disse, – avrai l'anello.

Scesero, andarono nella stanza delle robe vecchie, tolsero una cassa, levarono due file di pietre, poi cominciarono a scavare piano piano. Trovarono il braccio sinistro della signora Mimì e lo alzarono: apersero le dita della signora Mimì e levarono l'anello. Poi coprirono di nuovo e misero a posto le grosse pietre.

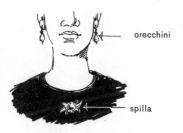

orecchini

spilla

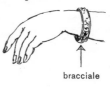

bracciale

La Gisa si sentì finalmente padrona con quell'anello al dito. Ma perdette il controllo e, due giorni dopo, qualcuno dei servi le vide al dito l'anello: era un anello che conoscevano tutti in paese, e così il fatto fu saputo in giro e arrivò lontano.

Un pomeriggio, i carabinieri apparirono sulla strada, ma il Biolchi e la moglie li videro e, saliti al primo piano, cominciarono a sparare colpi di fucile. Tutti e due, il Biolchi e la Gisa.

Spararono anche i carabinieri e la cosa durò fino a quando un colpo li fermò per sempre.

Trovarono la Gisa immobile, col fucile ancora in mano vicino al corpo del marito. Era in abito da gran festa e aveva al dito l'anello della signora Mimì.

Trovarono la signora Mimì *sepolta,* insieme al marito, nella stanza delle robe vecchie e li avevano uccisi tutti e due i Biolchi, la notte in cui si preparavano a fuggire.

Fu don Camillo a rimettere al dito della signora Mimì l'anello, e la signora Mimì fu sepolta da cristiano, col suo anello al dito e così ritornò ad essere la padrona.

sepolto, messo sotto terra.

Domande

1. Chi sono i Torconi?

2. Dove abitano?

3. Chi sono i Biolchi?

4. Perché alla Gisa non piace la signora Mimì?

5. Che cosa pensa la gente del podestà?

6. Perché devono fuggire i Torconi?

7. Chi si prende cura della loro casa?

8. Come diventa la Gisa dopo che è andata ad abitare nella casa dei Torconi?

9. Quale è il suo desiderio più grande?

10. Che cosa viene scoperto quando ia Gisa riesce ad avere l'anello?

11. Perché vengono i carabinieri?

12. Dove finisce l'anello dopo la morte dei Biolchi?